구체적인 당신

이지령 시집

문학의전당 시인선
0263

구체적인 당신

이지령 시집

문학의전당

시인의 말

만삭의 노트를 묶다가 빗소리 듣는다.

흘러가는 강물을 아직 짬 내어 바라볼 수 있다니!

몸피를 더 많이 줄였어야 했는데
괜히 애먼 머리카락만 잘랐다.

그럼에도 내 生에 가장 잘한 일은
한바탕 시와 잘 놀았다는 것.

2017년 7월
이지령

차례　　　　　　　　시인의 말

제1부

구체적인 나비　13

구체적인 낙타　14

쾌족과 미완 그리고 자유　16

능소화　20

띄어쓰기　22

구체적인 당신　24

물 위에 쓰는 자화상　27

눈 내리는 아침을 소장하다　30

여여(如如)　32

공그르기를 암송하다　34

낯선 나를 호감하다　36

무례한 시 쓰기　38

몰랑한 눈빛을 위한 수다　40

친애하는 스마트폰에 관한 기억　43

구체적인 몰입 44
관념어 내보내기 46
내가 가장 잘한 일 48
빗소리 변주곡 50
담쟁이 51
오동꽃 52
구체적인 퇴근길 54
행복한 앉은뱅이 56
뜻밖에 배롱나무 57
적막에 꽃핀다! 58
시인의 봄밤 60
어린 왕자에게 62
너무나 구체적인 64

제2부

단풍잎 67
눈부처가 주는 생경한 슬픔 68
내 고요는 어디서 오려나 70
팔손이나무 72
사랑니 74
천리향 76
아, 동백 78
아찔한 오진 79
대금산 진달래 80
뜬금없는 생각이 흘러 81
언젠가 그 먼 훗날 82
눈 내리는 일 84
오래전 처방전 86
금목서 87

어머니가 뜯어주는 산조 한마당 88
핀다! 90
할미꽃 91
아버지의 스토리텔링 92
안부를 물어주다 94
따뜻한 무관심 95
옷장을 정리하다가 96
이명 98
연분홍 립스틱 100
숯 101
허공에 집중 102
포장마차가 있는 풍경 104
천년학 105
지천명 106

해설 | 구상성(具象性)의 시학 107
김정남(문학평론가·관동대 교수)

제1부

구체적인 나비

해 질 무렵,
산책을 나섰다

잠시 걸었을 뿐인데 숨이 차올랐다
돌부리의 끄트머리에 주저앉았다

언제 왔는지
붉은점모시나비 한 마리
내 곁에 다가왔다가
약간 기울다가

어느새
날개 접어 내 발끝에 앉았다

찰칵,

우리 사이에
짧은 고요가 번져갔다

구체적인 낙타

 목마르다를 알아듣지 못하는 사람들 씀바귀로 우려낸 커피를 마셨다
 씀바귀표 커피를 무턱대고 마신 날이다

 견디기 힘든 짐 지고 침묵 가운데 깊어져 가는 세월로 들어간다
 사막의 바람이 중얼거리는 소리 들었다 치욕이 불쾌한 전생 듭시어 혹 되었다

 등에 걸려 있는 가상의 무게를 진신로 받아들이고
 사막 끝까지 가면 물에 밥을 말아 수월해질 거라는 빨다 만 달콤한 알사탕

 친절하게도 내 혀 위에 얹어준 시간은 달콤했다 성질 급한 나는 함부로 씹었다
 알사탕의 달달한 맛은 금방 사라졌다 무지개가 사라졌다

 주인이 심어놓은 자작나무 숲에는 풀이 자라고 있었다
 피톤치드 수치를 들먹이며 자작과 편백나무 사이를 갈라

놓았다

　언어의 한계점이 왔다 목줄에 감겨버렸다
　사막을 건너야 하는 낙타는 난감해졌다

　스스로 해결해야 할 엄두가 나지 않았다
　길 떠날 아득함이 사막에서 찾는 미로처럼 난감했다

　현실은 모래톱 사이에 끼여 한 치 앞도 알 수 없는 생손가락 아픔과 닮았다
　천 년 전에도 새벽은 왔듯 사막 너머 사위어 가는 고독에 힘입었다

　참는 것에 익숙한 선한 의지가 오아시스로 환생되었다
　손목시계가 멈추었다 자작나무 숲도 정지되었다

　씀바귀가 목구멍에 채워졌다
　모래를 가득 삼킨 낙타가 사라진 정오였다

쾌족과 미완 그리고 자유

1. 쾌족

아무렴 어때요. 그날 새벽 내게로 온 자연 갤러리를 목격해버린 걸요 그렇게 고갈된 자아는 무언가를 쓸어 담고 있었죠 그러다 인적 드문 곳에서 배가 불러왔어요 한바탕 귀 기울여야 했고 덧니가 반짝, 웃다 보니 어느새 흘러가는 시선에 탄력도 붙더군요 새벽이 함부로 스며왔었죠 함부로가 시작될 수 있는 친근함을 숭배하다 발신자가 궁금했지요 날것을 만나러 느릿느릿 걸어 남새밭에 갔었죠 제멋대로 피어난 푸성귀가 우루루 몰려와 어울리다가 비좁으면 비좁은 대로 서로 엉켰다 흩어졌어요 과하지도 덜하지도 않은 사이 間이 사색을 하더군요 다녀가는 바람 따라 칭얼대다가 어느새 혼합되었죠 농익은 장단에 초록이 연두를 노랑을 끌어내었죠 흥을 돋운 짙푸른 초록은 어떤 습격에도 의연하였죠 이제 막 피어난 어린 것을 품고 가는 길, 저 조화를 난 무어라 호명할까요 골똘히 흔들려보기도 했지요 뿌리가 뛰어내린 저 미지의 착지를 지조라 알려주는 웃음은 해맑았어요 거짓말같이 해맑아서 오히려 제멋대로인 당신이 정겨웠나 봐요 정겨워

나도 닮아보려 했죠 그건 퍽 어렵고 난해해서 감히 흉내를 낼 수 없는 꿈이었죠 쪽창을 사이에 두고 두서없이 물었죠 철저하게 제멋대로인 당신은 기탄없이 단축키를 눌렀어요 무얼 더 첨가해 맛없게 그저 마음 가는 대로 가는 거야 멈춤이라는 아름다운 단어를 막 한 스푼 떠먹고 물끄러미 바라보았죠 조미료는 사절하겠어 발신된 메아리는 단순하였죠 쾌족이란 말 기억났었죠—

2. 미완

어린 잎사귀 사이로 햇발 쏟아졌다 해풍은 하염없이 흐르고 흘러 돌림노래로 통하고 내 굳어진 대갈통을 쿡쿡 쥐어박았다 머리카락이 지천에 깔린 소금기에 듬뿍 절여졌다 염장이 된 삶은 언제나 머금은 대로만 흐르던가 인터스텔라의 블랙홀에서 즐거운 비명이 되었다 푸성귀도 생존을 향해 무한 돌진을 일구다 가는데 내 한 생은 무얼 향해 돌직구로 빛났나 나를 안치시키는 새벽별 하나 힘없이 반짝인다 낯선 아침을 매일 뜯다 보면 푸른 잎 한 소쿠리처럼 소박했으면 좋겠다는 은밀한 상상에 닿았다 지열은 무한 가동 중 뜻밖의 행운을 감지하고 전생의 핵을 꺼내어 거울아 거울아 불러보았다 지독한 윤회의 밑구녕이 있기나 한 걸까 푸른 잎 앞에 놓고 한 뼘 모자라던 키가 조금씩 늘어졌다 내 입에 푸른 즙이 감돌다 보면 어미 뱃속에 입사 되었을 때처럼 오로지 들숨과 날숨에 의지하여 흘러왔던 본연의 불똥이 새겨진다 물꼬를 틀 수는 없을까 들고나는 공기가 시방 감사해 나는 푸른 것들에 자주 부리를 놓았다 쿡쿡쿡 전생에 새 주둥이가 먼저였다면 저 노쇠한 푸르름은 언제였을까 뜬금없이 한 생각 차올랐다 눈독 새의 부리와 산소가 합성된 선 이 아니었을까 마음받을까 부리를 숨기고 살아가는 건 아닐까 짓밟힌 잡초가 조금 슬퍼지려 할 즈음 이슬 한 방울이 제각각 다른 모양으로 빛났다 저 광속으로 번지는 생의 긍정을 마냥 유지하던 하루하루가 가끔 피곤하여도 내게 허락된 새벽이 꽃처럼 깊어갔다 스스로 그러한 당신처럼 나도 이제 훈기가 돌겠다 들켜버린 햇볕의 젓꼭지 어디쯤에서 유즙이 흐르자 아침이 둥실 떠올랐다 지금 작별하는 당신 품 안에서 젖살 내린 어린 것이 혼신의 힘으로 유즙을 빤다 심장 한가운데 푸른 피가 돌고 돌았다 그렇게 오늘 아침 수신 되었다는 화답을 받을 즈음 당신은 무사하신가 사실과 느낌은 무사하신가 아직 미완성인 답 없는 삶이 답 없음에 클릭을 하고 보이지 않는 당신이 제멋대인 걸 충분히 인정하였다

3. 자유

누군가 버린 밥상을 주웠소 당신이 자주 끌어다 쓰던 밥상과 닮았소 쪽창 사이로 보이던 당신이 춤추며 갔소 박제를 풀어버린 야생의 새벽이 느릿느릿 아침을 놓고 갔소 한 줄의 시로 덤벼들고 好好, 돌아보지 말고 날아가시게나 어떠신가 당신의 산보는 지금 주춤, 우울하시거나 쾌청하신가 혹여 제멋대로신가 푸른 새 한 마리 빈둥빈둥 꿈 밖으로 날아가는 걸 보셨다면 빙그레 웃으시구려, 아직 미완성이니깐

능소화

 물기 마른 붓 몇 자루 보인다 짜다 만 물감더미로 어지럽혀진 서랍 안 내 젊은 날이 긴 잠에 쪼그려 있다 먼 곳에 방치해두었던 꽃잎 걸어 나온다

 양지바른 담벼락에 스민 능소화 오로지 피우기에만 급급했던 붓 길을 물끄러미 바라본다 팽팽한 주홍에 끌려 다시 몇 날은 혼절하겠다

 한 번도 살아보지 않았던 그리움이 얌전하게 기어오른다 나팔 닮은 입 언저리에 붓질을 한다 다시 뼛속에 출렁이는 여름이 만발하다 눈 감아도 선명한 너의 심장을 뜯을 수 있겠다

 파브리아노 길고 긴 장벽에 갇힌 능소화 무모하나 뜨거웠다 건너보지 못한 한 잎 한 잎에 정 피우고 나면 그뿐 내 그리움쯤이야 멀고 먼 나라에서 숨을 거두어도 좋겠다

 무심히 버려두었던 능소화 번지고 번져 첩첩산중 내 품을

벗어났다 담벼락에 스민 능소화 담담히 흔들렸다 수천의 꽃잎이 여름을 지폈다

띄어쓰기

 지난밤 내가 두드린 컴퓨터 자판은 팽팽하였다 어둠 속에 방목되었던 오문들이 참으로 까마득했다 그 까마득한 길가로 산란은 시작되었다 허물어질까 소멸될까 잠아둔 문장들 비록 미끄럽거나 매끄럽지 않아도 깊은 산속 물처럼 축축했다 사무친 그리움들 데쳐가며 종이 위에 가지런히 놓았다 문맥마다 꽃피거라 빛내어라 되새김질하였다

 작은 쉼표 찍는 것까지도 오독될까 나는 두려웠다 무속적 충동이 일고 혼비백산 달리다가 엎어졌다 무릎 깎였고 자판이 멈추었다 마침표를 찍다말고 나는 그늘처럼 그만 울적해졌다 늙어버린 종이 위에 다시 새로운 문장이 돋아나길 바랐다

 세월은 술렁술렁 흘러갔다 흘러가다 잠시 잃어버린 쉼표를 찍고 다시 동굴을 팠다 막장에서나 먹장에서나 강해지기 위해 내 안의 그림자가 길쭉해졌고 살이 쪘다 헛배가 부르고 헛살이 찌는 것만을 진심으로 받아쓰자 머릿속을 탁탁 쳤다 자판에서 자주 비명이 들렸고 낯선 말은 낯선 말은 띄어쓰기

에 익숙해졌다 띄울 수 없는 내 삶은 등이 가려웠다 좁아지는 문체는 엉거주춤했다 한 행과 한 연 사이에서 기지개를 켰다

구체적인 당신

그립다는 말은 내게 구체적인 것을 그리게 했다

사월과 오월 사이 남풍이 불었고 창가를 서성이게 했다 가슴께 통증이 간간이 내리는 오후, 윤슬이 내리고 있는 통영항 바라볼 때면 왜 불거지는 당신이 있는 걸까

날 홀렸던 당신 말투는 짠 내음에도 시들지 않았었지 당신이 즐겨 입던 코발트색 잠바는 당신보다 컸었지 당신의 양말은 간혹 엄지발가락이 닳아서 너덜거렸고 그걸 한 번씩 기워야겠다고 생각할 때마다 내가 아팠지 언젠가 바느질을 다 끝내지 못하고 깰 적이면 혹여 내 입을 꿰맨 걸까 말은 새어나오지를 않았지 구체적인 것에는 통증도 따랐지 당신의 얼굴이 봄볕이나 가을볕갈이에 새까매져 있을 때, 선명하게 그어진 이마 위 칼자국이 우르르 두드러질 때, 내가 당신을 똑바로 볼 수 없는 몰캉한 눈물 같은 거였지 내가 나를 전혀 볼 수 없는 분신 같은 그리움 아닐까 아 구체적인 말이 너무 시시해서 말을 잃을 때도 있었지

몸살이 났다 당신이 해마다 꽃피었다 질 때나 바람이 불어 닥치는 환절기에는 어김없이 도졌다 기침도 하고 콧물도 흘렸다 코 닦아주지 못하고 약 지어본 적 없이 세월은 건너고 있었다 바다를 놓아버릴 수 없었던 당신, 은 섬으로 들어갔고 지상의 나무를 퍼 날랐다 송이 화원에서 내가 꽃과 꽃 층계를 오르내리다 환한 꽃들 사이에 앉아 있을 때 당신, 은 애송이 나무 몇 그루에만 셈을 쳐주고 가버렸다 뾰로통한 날 보며 당신은 말했다 이봐 푸른 천막이 좋잖아 뭐라고? 푸른 천막…… 나무를 푸른 천막이라 이르던 당신, 아 우리 사이를 영원히 덮어줄 천막이라니 후훗 바보 같은 당신, 영원을 꿈꾸다니 역광에 드러난 내 눈은 따갑다 볕살 따가워 목이 탄다 내가 먼 데 눈 주고 있을 때 당신, 은 내 시시콜콜함을 따질 틈 주지 않았다 콧노래 흘리며 가버렸다 눈가의 자글거리는 주름과 희끗한 머리카락, 그렇게 제멋대로인 당신, 은 언제나 구체적이다 결코 흐려지질 않았다 내 뜨락의 한 켠에서 펄럭이는 푸른 천막을 쓰레질하는 당신, 의 극진한 삶의 줄거리는 물러가지 않았다 당신과 잠이 들었다 멀리서 진입하는 낮고 낮은 오래된 무덤이 보였다. 내 속의 무덤에 한 사람을 파묻다 얼른 스탠드를 켰다 불빛 아래 봉분을 다지듯 당신의 까끌까끌한 구레나룻을 지나쳐 아직 탄력이 있는 허연 살점까지 지나쳐 일명 물건이라 칭하는 그곳까지 쓸어주었을 때, 내 손이 차가운지 이불을 더듬어 찾는 당신은 다시 구체적이다 마디 굵은 당신 손을 내 한 손으로 잡을 수 없어 두 손으로 잡았다 세상에서 만난 어떤 은유나 비유를 나는 찾을 수 없었다 거·칠·고·딱·딱·한 손을 가진 구체적인 당신을 읽으며 지나고 있었다

물 위에 쓰는 자화상

　세면대에 물을 받았죠 물은 일렁이며 나를 빗금 치며 지나 갔죠 손바닥으로 훑어보았죠 이걸 좀 봐요, 말할 틈 없이 물 빠져나간 찰나는 길거나 먼 곳에 있지 않았죠 언제나 선명하게 퍼뜩 다 빠져나갔죠 지금 아무것도 두렵지 않은 나는 마흔아홉인데요 너무 생생한 흰머리가 얼기설기 흔들렸나 싶었는데 벌써 백년 전쟁은 쉬 가까워졌죠 물 위를 둘러보는 나는 낭떠러지에 있는 듯하죠 오래전 숙원처럼 어느새 처진 눈매를 가져왔죠 신명난 일 차츰 덤덤해지고 신기한 일 하나 없는 심심한 벌판을 다 차지한 겨울 삭정이처럼 서걱거렸죠 물기 다 빠져버린 손금마다 줄줄이 비벼보는 후회를 내 한 생은 여기까지면 참 좋겠다 말했죠 낙엽이 딸꾹, 떨어지고 나는 지난해보다 더 바스락거렸죠 갈대의 터질 듯한 파동을 외면 못해 강원도 하늘공원쯤에서 놀아도 보았죠 당돌하고 싸가지 없는 내가 되면 왜 안 되는 거죠 절벽 치며 떨어지는 폭포처럼 갈비뼈 마디마디를 지나는 세월은 아프고 슬펐죠 생이란 게 저절로 건너가긴 할 텐데 왜 환함 혹은 밝음만 퍼 올릴 자신이 없는 거죠 어쩌면 내 한 생은 온통 착시를 걸치고 살아온 허수아비, 삶의 끄트머리로 다가갈수록 돋을새김

하나 이젠 옹이 없는 물방울로 기울고 싶은 건 욕심일까요

  아무것도 아까울 것 없는 시방, 두 손에 담겨진 물에 집중하였죠 멀리서 불어오는 꿈보단 꽃망울 터져버린 지금, 무너지지 않는 하늘 아래 한 번쯤 휘청거렸죠 〈나는 힘이 없습니다〉 받아두었던 물소리 따라 적었죠 퍼 담은 손바닥의 물은 상하지 않는 목소리로 카랑거렸죠 나도 한 옥타브 높여 틈틈이 손바닥을 비비며 취하였죠 어둠이 밝음 되는 혁명이 번지다 다시 밝음이 어둠 되는 뫼비우스의 띠를 이제 이면할 수 없는 일 바람개비 돌리며 다시 참고 기다렸죠 그놈의 수많은 내일만 자꾸 부비다 잠들었던 지난 시간이 꿈속의 나로 자주 떠돌다 왔죠 꿈에 환하던 이빨은 꿈 깨면 언제나 푸르죽죽한 잇몸에 비루하였죠 혹시 나는 좀비였을까요 내 몸에 드리워진 그늘도 만났죠 나만의 바다로 침잠하였죠 표면장력 달콤한 바람에 우짖는 달빛 건져 캄캄한 숲 헤매는 나는 흠이 많은 반란자, 허점투성이의 나는 늘 빈 곳이 그립죠 또 어딜까 하여 눈물 몇 사발 모아 엄마의 어머니 그 어머니의 어미로 이어지는 당신을 보러 갔죠 정화수에 꽃잎 몇몇 띄워가는 나

는 당신들에게 투명인간일 수도 있겠죠 어머니들은 피고 지고 내 몸 가득 서늘하게 쓰러지다를 반복하였죠 몸 어디서나 감지되는 귀곡성, 내 적막은 거기서 시작되었죠 세면대 가득 고인 물은 잔잔하나 잔잔함을 보는 내 눈은 아토피를 달고 사는 붉음에 가까웠죠 울음 삼키며 바라본 새벽달에서 찹찹한 문장이 일어났고 적막한 새벽이슬은 우주의 한순간에 매달려 후광처럼 돋아났죠 힘없이 주저앉았던 나는 고요보다 물방울 떨며 서 있는 생동감에 옷소매를 적시며 설렜죠 그러다 햇볕 잘 드는 창가에서 와싹 말라갔죠 그러다 먹먹한 먹통 가슴이 뚫릴 기미 없을 때 내 생의 반복은 간간이 무심해져 갔죠 무릎 당겨 나를 둥글게 말았죠 불현듯 물소리 멀리 가고 있었죠 내 몸을 말아가다 보면 똬리 튼 뱀이 되기도 했죠 누군가 살고 있죠 누가 보낸 형벌인 양, 수천 마리 미세하게 떠다니는 실핏줄의 공명이 촉지되었죠 이젠 무섭지 않죠 나는 물 위를 산책 중이니깐요 그까이 꺼! 당차게 한마디 짓밟고 더듬거리며 갈 뿐이죠

눈 내리는 아침을 소장하다

 함박눈 내리는 아침 오래된 전화기에서 뻐꾹새 한 마리 울어댄다 함·박·눈·내·리·는·구·려 낯익은 당신이 눈보라 속에 잠시 쌓인다 내 명쾌한 첫 문장을 여는 엽서의 여진이 그윽하다 오지였던 한쪽 가슴에 안개꽃 무리 지어 왔다 오로지 희다로 명명되는 아, 눈부신 묵언이 도착되었다

 방문을 열자 눈보라 소복한 앞마당, 동백의 모가지 울컥, 곰삭은 붉은 정적이 가혹하다 잣나무 가지 위를 구르는 새들은 치우침 없이, 앉아, 날기를 잠시 멈추었다 근사한 혁명이 피도 무부하는 선새

 ─고요한 당신 여전하군요

 뜰로 가는 창문에 넘쳐나는 눈꽃 사태, 눈꽃 한입 냠냠 무량한 음복이 끝날 즈음 푹푹 파놓고 가버린 발자국 희미하다 희미한 것을 덮어주는 따뜻한 음성 또한 뚜뚜뚜, 가버렸다 도지는 입덧을 삭히려 진한 에스프레소 한 잔을 내린다 손잡이 없는 커피잔 만지작거리다 문득 우··리·잘·늙·어·가·

고·를 팽팽히 쓰다가 화답인 양 할미꽃 한 다발을 푹 꽂았다
함박눈을 지닌 당신이 다녀가고 아침은 오로지 눈부시다로
함축된다

 —당신만은 늘 오늘처럼 환하시구려

여여(如如)

어느새 꽃이 저리 피었나요 등 뒤에서 들리는,

입춘을 갓 넘긴 오늘밤 꼭 오늘밤이다
물기 말라가던 목소리 달빛 따라 담담하게 흔들린다
그 아래 피어오른 벚꽃은 환하다
환한 창가 옆자리 대형 거울,
그 곁에 의자 하나 정갈하게 허리 꼿꼿하다

겨울 한철을 통과하여 봄, 봄, 봄날은 찰지게 달려왔다
정계기 히물이지고
바라봄의 날이 어딘가로 전보를 띄우러 갔다
두고 온 에니어그램을 습작하러 가는 길
나는 다시 학습되었다 간간히 설렜으나
꽃피는 한철을 유순하게 담아내기는 어려웠다

봄바람 불어주는 날이다 저주파로 칭얼대는 한마디
헛된 맹세는 집어치워라
기임―치, 치이―즈 살짝궁 입꼬리 올려진다

푸지게 웃다 가기도 아까운 길 봄 길로 들어간다
물오른 가지에 봄빛이 고루 듭신 걸 바라본다
봄봄봄봄이 왔어요 허밍이 저절로 흘러내린다
잡고 있던 학습지 집어던지자
우수수, 내 몸에 비늘 꽃 떨어진다

나를 해명할 수 없는 나 아무것도 아닌 날이다
빈 의자에 걸터앉은 달빛 따라 기운다
환하게 번지는 연꽃 없는 연못을 바라보는 봄밤
그 곁에서 쪼그리고 앉아 받아 적는다

달빛 아래 如如

공그르기를 암송하다

 찢어진 수건을 기우려고 바늘에 실을 끼운다… 주춤거린다… 오래전 배운 바느질… 귀한 답 얻으려… 나는 흑백의 실타래를 만지작거린다… 색맹인 내가 실을 골라 바늘귀에 밀어 넣으며… 몇 바퀴를 굴러간다… 이쪽과 저쪽의 위태로운 곡예… 수건의 양 변방을 포개어 동글동글 굴러가는… 바늘의 자유로운 소통… 사용설명서 없이도 완벽한 봉합을 이루고… 실핏줄처럼 이어져 가고… 찢어진 수건은 어느새 기워져… 언젠가 괜찮아요, 미안해요를 미루다 찢겨졌던 당신이 둥실, 허허 수천 년 진화된 나뭇가지에 걸린… 섬세한 달의 명암… 헛것은 아닌데 불편하게 그러니 그윽하게… 불빛은 새어들고… 오래된 문헌을 읽어야 하듯… 잠시 잠깐씩… 바늘 땀 밀고 올리며 미안해요 또 한 땀 걸어가니 다 괜찮아졌어요… 온통 밝음이었던 당신이… 밝음이 기울던 그때… 세상의 문양마다 그림자는 빈틈없이 퉁퉁 불어나 내게 어둠이 되고… 즐비하던 구두 소리가 벽에 걸린 그림 속으로 차츰 멀어져 가고… 희미해지는… 그렇게 굴러가고…

 찢어진 수건을 음지처럼 버려야 한다니… 봄날의 햇살을 기웃거리며… 나는 바늘이… 춤을 추고 가는 생의 위대한 전

략을 그저 바라볼 뿐… 천천히 평화에 젖어든 후에야 보이는… 시방 나는 단단히 굴러가고 있는 중… 해 기울기 전… 시들거리는 내가 기운 수건을 들고 조우하려던 건… 처음의 수건은 아닐 거다… 토닥토닥 땀 닦아주며 편안해지는… 뱃속의 기억은 하나 없으나 태초의 나는 여태 잘 굴러왔고… 굴러다니고 지금은 끊임없이 내 살이 보이고… 뼈가 아프고 이가 시리고… 하하— 바늘의 깊이가 통과되는 세월은 굴러가고… 길고 긴 흑백의 실타래가 조금씩 짧아지고… 어느 날 나는 연잎처럼 이슬처럼 바람처럼 당신처럼… 처럼처럼을 위해 휘청이다… 일어서고… 다시 안녕을 고하기도 더 가까이 다가가기도… 문이 너무 많아 망설이다 찔리기도 하고… 강물까지 와서 흘러다니기도… 다시… 큰 울음 던지며… 이른 아침 안개꽃 군락지에서 스미다가… 기운 차리고… 소혹성으로 굴러가는 어린 왕자를 처음인 듯 안개 속에서… 읽다 지나가고… 꿈은 허공에서 부양되고… 헛된 것 하나 없이 이어지고 통과하는… 기억에 없는 나로 되돌아가는… 잠시 다녀가는… 아니 굴러가 버릴 한없이… 다정한 공그르기… 쉿… 입 다물어라 실이나 다시 끼우고…

낯선 나를 호감하다

 사방은 단단한 침묵뿐, 사방은 온통 콘크리트, 나는 갈 곳이 없었네 누가 건너간 한 생이 저 모양 아니었을까 움찔거리던 사지가 파르르 떨고 물고기가 조용히 무심히 지나가고 있었네 창조차 없는 방과 창은 있으나 하늘을 잃어버린 나는 무엇이 다른가 곰팡이는 햇볕을 잃어버려야 가장 자기답다고 당당히 말하는 세상 내 몸에 푸른 국물이 쭈르륵 가두리로 흘러가고 있다네 창살이라도 있다면 그 땅을 비집고 푸른 이끼라도 보았더라면 차라리 수인의 옷이라도 걸쳤다면 포기했을까 가는 숨소리 들리지 않았을까

 오늘부터 한 줄 일기라도 쓰다 죽어야겠다고 아버지께 전화를 걸었네 끝내 전화를 받지 않는 당신을 원망하지는 않았네 첫울음이 지금의 나이듯 나는 나인 걸 알고 있었네 본심은 해바라기처럼 환하고 넓기만 하다는 추천서 벗어날 수 없었네 삶에도 무덤이 있다는 걸 알아갈 즈음 어깨에 올려둔 얼음 한 덩이가 녹아가고 있었네 정수리에서 자주 열꽃이 피어 흔들렸네 발바닥의 해진 살점과 물집 잡힌 새끼발가락만 한 생을 들여다보던 유치찬란, 자주 열꽃이 내 얼굴을 감싸

고 그러다 사그라져 가길 몇 해

 눈동자에 슬며시 힘주었네 비장하고 응축된 문장 하나가 유영을 하네 어디선가 날아드는 어둠에 갇히고 나는 잠시 나를 호감하는 중이네 엉켜버린 침묵과 꼬리 치는 울음이 기어 나오네 어느새 문 밖을 나선다 오직 내 안에 갇힌 수많은 언어의 유희가 다시 길을 찾아 떠나고 있네 갈 곳이 보였네 희미하게 갈라진 틈으로 빛이 시작되었네

무례한 시 쓰기

새벽, 찬비가 세차게 내립니다 서울에서 돌아오는 길입니다 차창의 불빛 위로 빗방울이 무례하게 튀고 있습니다 나는 목까지 오는 스웨터를 더욱 늘려 얼굴을 가리고 몹시도 춥고 우울했습니다 이 버스 안에는 내 아는 이 아무도 없는데 얼굴이 빨개집니다 시 창작 수업시간 주절주절 빚은 시 한 편이 비뚤게 아니 비틀비틀 긴장이 되었습니다 시평을 기다리며 시낭송을 했습니다 글쎄 빚어놓은 새 한 마리가 그만 YOLO, YOLO* 파닥거리며 무한질주를 해버렸습니다 삐딱하였으나 안간힘 쓰는 날개는 물론 안쓰러웠습니다만, 조금씩 자라기를 소망하며 나는 멈추지 않는 이 무례함을 소명이라 말했습니다

어제는 좁은 교실 창가에 달빛이 구부러져 들어왔습니다 반쯤만 보이던 생의 한 면과 창에 가려진 생의 다른 반쪽을 타진하느라 나는 밤 낙엽을 밟아보았습니다 시도 때도 없이 시시한 시는 간간 낯선 골목으로 걸어가 버렸습니다 고인 침을 삼키는 소리가 고막을 채울 때면 하염없이 치워버리고픈 시가 쓰러지기도 했습니다만, 길고 질긴 강의 시간마다 물이

자라고 불이 피워진 꿈을 꾸었습니다 균열된 손바닥을 자주 비볐고 무성하기만 하고 뿌리내려 자라지 못하는 시안에 초조하기도 했습니다 눈을 감고 듣던 달빛 강의는 무료했고 검색할 사이 없이 후딱 세월을 묵묵히 삼키고 가버리고 말았습니다

뭡니까?
이 시, 그래서 어쨌다는 겁니까?
어처구니를 안고서 나의 나답다는 늘 찌그러졌습니다만 우공이산(愚移公山) 혹 하나를 등에 짊어지고서야 친근한 나답다는 현혹되거나 휘둘리지 않고 오늘도 무례한 시 쓰기는 계속 길을 갑니다 인양한 무례한 시가 즐거움이 되고 말았습니다 혹여 무례한 시 한 편 보거든 토닥토닥 등 한번 두드려 주시렵니까

＊YOLO: you only live once. 한번뿐인 인생 혹은 물질보다 경험.

몰랑한 눈빛을 위한 수다

 저격을 꿈꾼다 이것을 나는 혁명이라 말한다 갱년기를 마중 가는 길 내 몸의 마디마디가 뻑뻑 기적을 울렸다 네모진 창에 들어찬 하늘을 싫다 좋다 말한 적 없지만 사각턱의 나는 이젠 둥그런 하늘과 몰랑한 눈빛을 만나러 가야겠다고 생각할 즈음 신물 나는 검은 머리여 안녕히 가세요라며 썼다 빨리 늙어버리고 싶다

 총에다 총알을 장전할 줄 몰라 어리둥절해 하면서 나는 이제 알아들을 수 있는 말로만 질문하기로 했다 알아들을 수 있는 귀명창이 되고 싶었다 날아든 문장과 문체 사이에서 심한 멀미를 앓고 있을 때 어느새 골다공중이 찾아왔다 구멍이 숭숭 난 뼈에 다시 구멍을 차곡차곡 채울 수 있다면 하는 희망 대신 잠시 타임머신을 타고 어릴 적 봄날을 찾아간다 추억이 있기에 갱년기를 마중 가는 길은 지루하지 않다 봄날에는 봄에 대해서만 집중해야 한다

 이상하지 언뜻 보이는 사춘기의 나는 언제나 꺾고 싶은 게 많았지만 비워진 세월이었다 삶의 나날은 열등과 빈곤과 분

노였다 꼭꼭 닫힌 문이 하도 많아 입춘대길을 본 적 없었다 그러다 매미 소리 질기게 울다가 뚝 끊어지던 늦여름 미련하게 밥만 퍼 넣을 수 없어 꽃잎에 입 대었다 꽃잎, 그걸 나는 총애하는 예술에게라는 연서로 부비고 부볐다 부빈다고 내가 물들 수 없다는 걸 진즉에 감지하였는지도 모를 일이다 그러다 결국 나는 탐색에 능해지고 밀어붙였으나 물들어지지는 않았다 관념의 꽃잎 속에서 쓴 약을 탁탁 털어 넣었던 기억에 목 졸라 죽을 뻔도 했다 감각의 촉수에 홀렸던 헛바닥은 조금씩 굳어갔고 실어증에 걸렸던 나는 수시로 일그러졌다 팔랑팔랑 손짓하는 죽음의 유혹에 자주 망설였다

  습관은 무서운 것이다 잘못된 연서의 출발은 밥이 배고파하지 않는다는 상상에서 시작되었고 결국 뫼르소의 돈이 안 되는 것이 행복한 예술에 한 표를 던졌다 그렇게 나는 야위어졌고 뜬금없이 타들어갔다 그래서 내 자화상은 온통 흙빛이다 지금 나는 까맣다 검고 썩은 탁음이 마구 쏟아졌고 돌아온 메아리는 무음이었다 내 귀는 자꾸 커졌고 달팽이는 뱅글뱅글 신음하였다

다리가 욱신거리고 눈에는 안개 꽃다발이 무더기로 피었다 팽팽한 허공 사이로 얄미운 밀어가 막무가내로 쏟아졌다 너를 사랑해 사랑하기로 했다고 초췌한 은행잎이 떨어지는 병실 창가, 난 턱을 고이고 눈을 크게 떴다 을씨년스런 내가 보인다 아 가을이다 살아야겠다 물렁 몰랑 말랑한 눈빛을 찾아 나는 저격을 꿈꾼다 흰머리 쓸어 넘기고 있을 때 낯선 그러나 낯익은 그림자 하나 들어온다 내 어여쁜 갱년기여 반갑다

친애하는 스마트폰에 관한 기억

손바닥 위 당신을 본다
얇고 가벼운 당신은 내 손가락의 무게조차 견디지 못한다

풍덩, 내 손가락이 당신의 깊이로 빠지는 그리움의 소리는 경쾌하다 왼손은 자주 당신을 품었다 먹성 좋은 나였지만 손가락만 끄덕이니 배고프지 않았다 차츰 나는 밥은 잊어도 스마트폰을 잊지 않게 뇌 구조는 워밍업 되고 업그레이드 되어갔다 사람들과 멀어져도 전혀 심심하지 않았다 당신의 당신 그 당신의 당신을 캘 수 있었다 당신은 정말 똑똑 노크를 잘도 해대었다 카톡 카톡 심야의 내 단잠이 펄럭거렸다 아이 참 나 이렇게 인기 짱이라니까! 흐뭇하게 마음의 빗장을 자주 풀어대며 출렁거렸다 그렇게 당신이 쏘아대던 카톡 카톡이 급기야는 내 안의 딸꾹질인 것만 같아 달래고 어르고 무엇이든 차곡차곡 챙겨두었다 손가락은 세련되게 바빠졌다 나는 어눌한 말을 했고 기차게 시력을 잃어갔다

어제 스마트폰을 잃어버렸다
오늘 나는 삭제되었다

구체적인 몰입

 1Q84 양장본 읽다 올해 최고의 베드신 아니 베스트셀러라고 밤새워 읽는데 무수히 미끄러져 들어오는 호각 소리 아마도 교통체증 아니면 불법주차단속 아니면 음주단속이겠지. 도로는 뿔 달린 경찰관 덕분에 평정이 이내 되더라고 다시 책 읽기가 시작되었지. 읽던 페이지를 잃어버렸더군. 젠장, 낱장 뒤적일 때 생각해보니 아까의 나는 어디로 던져졌었나. 터져오고 불어대는 이 생각 저 마음 펄럭이는 만국기 걸리더군. 쌩쌩 지나가는 바람 따라 위태한 명상이 시작되었지.

 생각나는 것을 흘려보내라고 혹은 멈추어보려고 이마를 오랜 시간 흔들어 보아도 하나 둘 과녁을 향하는 총소리만 요란하더군. 뭘 읽었더라. 없어졌다 다 지나가고 나를 넘·어·간·다. 완벽한 백지였지.

 아리랑쓰리랑 고개마다 힘들여 넘긴 페이지 파편처럼 흩어지더군. 확연히 기억나는 단어나 명 구절 적어두지 않고는 아는 체 못하고 기억력이 서서히 빠지는 일몰이 시작되었지. 우리는 완벽한 독자가 되지 못하고 언제나 변죽을 때리는 절벽에 다다르지. 일상에 꽃피기를 눈부시기를 가스는 끄고 왔을까. 아이 과제물은 정리했던가. 그가 무슨 옷을 입었지? 2시에는 누구랑 만나지? 시댁은 친정은 그들은 요즘 어찌 살고 있나. 오늘 저녁엔 뭘 먹지? 헬스를 가야 하나 말아야 하나. 어머머, 오늘은 장날인데 어라 공과금은 다 내었던가? 왜 전화를 안 받는 거지? 멈추어지지 않았다.

침대에 누워 있던 젖먹이가 토하였다. 눈과 코로 활짝 핀 분수의 토사물 앞에 나는 무릎 꿇었다. 수만 가지 내 안에 몽글몽글 열렸던 연등 휘리릭…… 가슴을 때리는 감탄사 젖먹이를 안고 불어터진 젖을 빨린다. 이 세상 모두가 전멸되었다. 배고픈 어린 것 앞에서 나는 없다.

---

*1Q84: 무라카미 하루키 소설 제목.

관념어 내보내기

당신과 나의 거리가 조금씩 좁아지자 희망과 절망
모두는 쓸어안아야 될 삶이 되었소

새벽이 수런거릴 때 태양이 밝아오는 걸 보았어 함부로 환희라 명명하였소

한 번도 살아보지 않은 오늘이 내게로 왔을 때 축복이란 짧은 문자를 보냈소

하늘을 맴도는 낮달에게서 성원한 당신 얼굴이 길린 걸 보았소

허공을 가르며 날아가는 새의 자유를 보았소 혹여 태초의 나인가 의문을 가졌소

바다가 몇 날의 밤샘에도 지치지 않았을 때 그 용기가 나를 살게 하였소

염소 떼 울음소리 해품길 위에 나부낄 때 내 안에 도는 평화에 잠이 쏟아졌소

산길에서 만난 산딸기가 반짝였을 때 이젠 그 열정이 부럽지 않았소

수척해져 가던 내가 매달리며 드렸던 기도가 결국 욕심과 아집이었소

내가 가장 잘한 일

나를 스캔하자 빗장 걸어두었던 더듬이가 도드라졌다
점점 버릇없는 질문을 던졌다
통제되지 않는 더듬이가 산보를 나섰다
감히 시 받들다 일 저질렀다
초승달 아래 구부정한 넋 나가 돌아오지 않았다
그믐이 되어 툭툭 멋대로 쏟아졌던 한 줄기 빛 따라
그만 잠수해버렸다
실금 간 벽을 더듬다 손을 데었다 물집 터진 자리 아팠다
심심한 시간 심심한 시를 발라먹다 실오라기로 번져오는
역광에 눈 찔렸다
눈부시게 들이닥친 시
심심한 시간 심심하다를 땜질하다 시에 낚였다
순정하게 그걸 바라보는 일 즐거웠다
세상은 아직도 물음과 느낌의 무수한 꽃 피고 진다
그 사이를 응시하다 정 주고 보듬다 지금의 지금이 왔다
눈매 선량해지는 일만 남았다는 걸 감지한다
또랑또랑한 동공처럼 둥글게 나는 굴러가고 싶다
태초의 어둠 한 점이었다가 밝음 한 덩이로 오는 시

내 안의 중심이 되어준 일거리가 생겼다
지그시 눌러앉아 내 안을 바라보다 그만 심장이 탈탈 털렸다
호명되지 않은 수많은 언어가 아직 있다는 걸 예감할 뿐
다만, 내가 가장 잘한 일은 시와 한바탕 잘 놀았다는 것

빗소리 변주곡

창밖 빗소리가 자꾸 들렸네 키 작은 까치발로 적서지는 화단을 보았네 말라가던 적목련 한 장 한 장이 물 마시고 섰네 힘껏 뛰어내린 곳 삶일까 죽음일까 화단을 단장한 돌이끼에도 파르르 다녀가네 창밖으로 손 내밀자 간지러웠네 멀리서 들리는 풍경 소리 경계가 흐리네

둔탁하다가 경쾌하게 내리치다가 어둡다가 밝다가 투명하다가 불투명하다가 가늘다가 굵어지다가 때론 거칠다가 보드랍다가 이어지다가 끊기다가 잦아들다가 어느새 가버렸네
툭 톡 둑 사라셔산 빗소리는 빗방울로 뭉쳤네

내게 퍼붓던 미소가 그러했다 한동안 내리치던 웃음이 묵묵히 들어주던 눈빛이 팔베개 해주던 숨소리가 간결해지는 밤이 그러했다 소멸한 마음이 그러했다

뚝 뚝 뚝
비 개인 하늘만 덩그러니 날 보네

담쟁이

 길을 잃어버렸던 기억 푸르게 자라와요 어디로 가야 하나 망설이다 절벽을 부여잡았지요 창백이 지나쳐 푸름이 되었던 기억이 볕바른 양지에 손도장을 찍어요 우리가 남긴 손도장이 외로운 길 더듬어 갈 때 함께는 간절한 그대의 배경에서 환하지요 공존하는 푸른 이정표가 긍정의 긍정으로 꿈틀거려요 비빌 언덕이란 얼마나 든든한가요 척척 받아주며 푸르게 타오르라는 눈빛에서 푸름을 읽고 다시 길을 가요 말없이 받아주던 등짝을 최초로 기억할 뿐이지요 온몸으로 기어야 하는 슬픈 유전, 푸른 손도장이 침묵 가운데 간절히 가네요 뼈를 녹여 기어가는 슬픈 유전을 묵묵히 초원을 꿈꾸라 했던 그대 등이 그리워요

 울이며 담이 된 그대
 몸이며 맘이 된 그대

오동꽃

 운전 중이었다 오래된 나무 곁을 지나고 있었다
 운전대를 팽팽히 잡고 언 땅 위에서 찾아가는 내 봄날은 무심하나 가깝고 정다웠다 간헐적 꽃향기는 흠흠 킁킁 안부로 왔다 아직 날은 풀리지 않았고 내 한쪽 가슴 아래서 멍이 자주 돋았다 저녁 봄비가 촉촉이 몇 번 지나가고 자태 고운 나무 한 그루 뚜벅뚜벅 걸어왔다 어느새 봄이다 오래전 심겨진 풍경을 저만치 두고 잠시 눈감았다 멈추어 숨을 고를 때 어디선가 정하게 쏟아지는 제비 한 쌍 울음이 농익었다 후훗 흔들리는 오동나무는 지난 기억과 시방의 거리에서 최선을 다했나보다 짧고 단아한 꽃을 고루 지녔다

 스며오는 오동꽃 향기 한 다발 묶었다 봄이 왔다고 알려주던 엽서 한 장, 그랬다 엽서 한 바닥이 온통 오동꽃 송이 송이였다 파스텔 그늘로 선명했다 선명한 그늘 아래 꾹꾹 눌러쓴 당신의 굴림체 뭐라 말할까 사족 없는 정갈함이 난 좋았다 오동나무 아래 당신이 휘몰던 단문이 서서히 내게로 왔다 함께 앉았던 벤치에서 간간 독백처럼 오동꽃 향기가 오기도 했다 한번은 어머니 코티 분 냄새라고도 했다 점점 오동꽃 저

물어갈 즈음 우리 사이에 조그만 캠퍼스가 마련되었다 자주 파스텔 물감이 물결을 쳤다 그림은 조금씩 쌓여 갔고 봄은 어딘가로 깊숙이 들어가 버렸다 여름은 쉽게도 와버렸고 더 이상 오동꽃은 쌓이지 않았다

 쏟아지는 봄 햇살 사이로 눈을 찌르는 꽃, 몇천 개 전구로 일시에 환했다 보라보라 보라구 날 보라구 무성음으로 꽃망울마다 흔들렸다 살가운 봄바람은 어느새 저만치 가고 있었다 해마다 기척 없이 날 끌고 다니던 오동꽃 음음 수북하다가 이내 져버린 한 생을 응시하는 나 또한 잠시뿐 음음 다시 운전대를 잡았다 가던 길 하염없이 가야만 한다 참 오래된 일이었다

 벽에 걸린 고재 한 점, 오동꽃 눈물이 다 자랐다

구체적인 퇴근길

1

40번 버스 기다린다 십일월 바람은 아침과 밤을 졸라맨 허리에 시린 냉기를 지펴주고 쌓았다 허물어진 상인들 목소리 어디로 간 걸까 정적만 웅숭깊다

2

서호동 샛터 시장 정류소 벽 구인구직 광고 가로등 아래 서 있는 광고지 검게 절여져 일할 사람 일할 자리 어디로 추락한 건가 별똥별 쏟아진다

3

하늘 바라보는데 어찌할까 빗발도 없는데 나는 그어진다 까치발 돋우며 돌아앉은 저 길을 열고 버스가 오리라 어르는데 낙엽 몇 잎 발등 적신다 언제쯤 가벼워질까

4

어느 때던가 하늘에 창창 걸렸던 별로 뜬 때 우리를 호명하며 서 있던 운동장 낯익은 게시판 위로 푸른 함성 일어섰

다 목청껏 부르면 와르르 반짝이던 미래가 있었다 먹장 밤하늘에 꿈을 긁어대면 게시판 가득 채워졌던 너와 나는 지금 어느 스냅 사진에 숨어버렸나

5
  텅 빈 버스 몇 대 지나가고 얼굴 가득 매연 안겨든다 아직도 철없는 기침 몇몇 다투어 나오고 도로 끝 불빛이 살아온다 이제 도로의 안개는 두고 가야겠다

행복한 앉은뱅이

나는 한동안 이마트 서점 간이의자에 앉아 있곤 했다 물기 없이 메마른 입술을 잘근잘근 씹기도 하며 끝까지 앉아만 있었다 멈춰버린 내가 찾고 있는 것은 일상이 아니었는지 모른다 사야 될 식료품 메모지는 카트기 안에서 잠들고 잠시 세상은 없어지고 혈관을 톡톡 치며 걸어오는 세상이 있었다 비틀거리나 자명한 삶이 이렇게 형형으로 밝혀졌는데 카트기를 밀 힘이 없어 도로 앉았다 서점의 간이의자에서 나는 만나지 않아도 정이 들어버린 얼굴, 돋보기 속으로 다투어 쏟아지는 음성을 천천히 새기고 있었다

말씀이 따뜻하다
그 우주에 갇혀버린 바보가 된다

뜻밖에 배롱나무

 너는 없고 ㅋㅋ 무성한 나무에 핏빛 물방울이 봄을 견디고 있었어. 외출이 어려웠던 4월과 5월 사이 봄볕 따끔거릴 때 망설임 없다, 로 일관되고 일정하게 쉼 없이 감아 올랐지. ㅎㅎ 그랬어, 붉음에 우린 동그라미를 치고 있었던 거야. 붉음이 찾아든 눈자위가 하도 시려 실눈 뜨고 너를 찾아가던, 끝없는 가로수 그늘은 늘 말이 없었지.

 눈부신 햇살 거침없이 다녀가고 일렁일렁 핏발선 꼬투리, ㅎㅎ 당신이 쏟아내던 방언이 저 붉음에 가까워질 때마다 참 뜨거웠어. 우리 함께한 날이 백날은 아니 백년은 되었을까. 쉬이 보낼 수 없었지. ㅠㅠ 속 타는 절규, 일기예보는 비바람을 데불고 온다 했지. 꼭 저 붉음을 시샘이라도 하듯 말이야. 저 환한 목백일홍 너인가, 자세히 보는 중이었어.

 나무에 이는 물결 봄볕보다 환했어. ㅉㅉ 문득 곰삭은 사랑 한번쯤 꺼내어 말리고 싶었지. 저 나무에 ㅋㅋ 그렇게 걸쳐두면 네 붉은 입술이 만장처럼 펄럭일까, 만년설로 저장될까.

적막에 꽂핀다!

 현관을 열자 검정이 와락 안긴다 검은 꽃가지 뻗었다 어둠에 익숙한 나를 플러그에 꽂는다 바흐의 첼로 무반주 협주곡 흐르는 현관 자동센서가 날 반겨준다 마주한다 흘러나오는 명징한 빛 점등된다 무거운 가방을 던져놓기 무섭게 말을 걸어오는 사물들의 커다란 입속에 종달새 달렸다 종일 빈방에서 저들의 적막강산이 이젠 익숙할 법도 한데 참았던 침묵이 툭툭 불거져 나온다 고막이 부풀었다

 거실의 중심으로 우르르 몰려드는 나 아닌 것에 발을 담근다 왼쪽 벽 스위치를 눌러주자 탁— 답신이 오고 응집되었던 그들이 나를 버린다 티브이를 켜자 우르르 몰려든 사람들의 웅성거림이 빠르게 지나간다 바삐 커피포트에 물을 붓는다 잔을 쓰다듬고 몇 잔? 종일 고요했던 사물들이 저요 저요 말을 걸어준다 물 끓는 소리 적막 가운데 피었다

 낮에 읽다 만 책을 읽을까 티브이를 끌까 진짜 몇 잔을 더 타야 하니? 유혹과 선택과 물음 사이에서 찰랑거린다 이쯤에서 나는 방치되어도 좋아 중심으로 든다 고요한 향기에 묻힐

까 머·뭇·머·뭇 태생부터 밝음을 끼고 살아온 죄, 오늘은 적막을 끼고 나는 섬이 되었다 옹기종기 방을 꽉 채운 서글 프나 높디높은 적막이 사라지기 전 나는 플러그를 뽑는다 어두워지자 소금꽃 우거진다

시인의 봄밤

하루 일과를 마치고 비를 들었습니다
―봄밤아 니 좀 멈춰라 나 숨찬다

창밖에는 봄볕 잠기는 하루가 훌쩍입니다
―자꾸 잠수할래 우뚝 서서 맞서자

유리창에 어리는 수선화 발이 아픕니다
―기어서라도 너를 끊어버릴까

아파오는 종아리와 가슴 울렁이는 통증에 문안 인사드립니다
―내일은 꼭 진료를 받자꾸나

비를 들고 선 하루가 쓸기도 전에 어딘가로 날아가 버렸습니다
―술렁, 가볍구나 너는 눈치도 안 보는구나

제대로 쓸리기 전에 가버리고 어둠에도 밝음이 있는 시간

입니다
　―희망은 버리지 말아라 내 사랑아

뒤돌아보면 꽃물 어린 그림자만이 창밖에 떠오릅니다
　―문득 우리 다시 만나야지 힘내렴

촉수 높여 등 하나 달아볼까 합니다
　―아메리카노 한 잔 마시러 가자

아직 못다 쓴 편지 있을지 모르잖아요
　―불면의 밤 밝히며 널 기다리마

어린 왕자에게

 이젠 늙고 지쳐버린 나는 그다지 슬프지도 않았어
 꽃피고 지는 계절에 대하여 조금씩 무심해져 갈 수 있다는 것, 딱히 축복이랄 순 없지만 내가 축복이라고 말하면 축복이 된다는 말법의 시대 축원처럼 범람하는 안개꽃 한 다발 품에 안고 베시시 웃어버렸어

 세상에 널려 있는 아우성을 듣지 않고 살아가는 법에 대해 나는 에스프레소 한 잔 홀짝이는 소리에만 민감해져 가며 책장을 지금도 넘기고 있어 그건 최후통첩 나에 대해 소리 내지 않고 건너뛸 수 있게 되었다는 놀라운 사실이 되었어 달이 걸린 소나무에게나 쏟아버리면 된다는 해결법이 터득되기까지 수십 년, 소가 걸어가는 우직함을 황홀하게 바라보았어 당신도 보고 있었으리라

 그런 어느 날 내 눈동자 가득 들어찬 심심한 나무 한 그루가 보였어 조금씩 나무에 돋아날 꽃에 대하여 나는 진지하였고 당신은 한 번도 진지하지 않았지 나는 어렸고 당신은 눈이 없었지 꽃 가까이 앉아 종일 헤프게 웃는 날이면 눈도 없

는 당신이 날 꾸짖는 아이러니를 감당할 수 없었어 그때 알았지 아, 마음도 분질러질 수 있다는 걸

 볕살이 지천에 깔리고 있을 때였어 당신에 대해 조금씩 다가가기 시작했어 빛을 볼 수 없을 거라는 안쓰러움이 일었어 볕살을 데려다 길고 긴 막대를 만들었지 세월을 더듬더듬 짚어가라고 이제 그 막대는 눈이 있는 내가 내 것처럼 가지고 다녔어

 이제 늙어버린 왕자는 시시한 듯 하품을 하였어 나이테는 붉어가고 몸뚱이는 내 키를 훌쩍 넘어섰어 넉넉한 것이 안에서 자라나는지 밖의 기별인지 나는 알지 못했어 바람 소리 지나고 있었지 지나는 건 내 것이 아니지 어느 순간도 내 것이 아니라고 왕자가 말했지 미리 늙었던 왕자는 무심하게 자주 말했는데 귀가 없는 나는 이제야 떠올렸어

너무나 구체적인

내게서 너에 대해 서성이는 시간을 빼고 나면
쏴쏴 폐부에서 길어 올리는 바람 소리가 나고

내게서 너에 대해 지절대는 시간을 더하다 보면
가슴께 어느새 따끈한 바람이 불어온다

시도 때도 없이 치밀어 오르는 풀밭이 된다
그 속에 잠드는 풀벌레가 된다

제2부

단풍잎

아,
여름 한낮
뉘도 모르게 타다 꺼진
심장이 여위다 지쳐버린 날

낮게 낮게
부서져 가야만 하나

너무 가벼워
슬픈 내 영혼아

눈부처가 주는 생경한 슬픔

1

어머니눈을찬찬히바라본적있나요몇년째어머니는아버지를기억해내지못하고찢겨진얼굴에수분팩을올려놓고모든것을아득하게혹은멀리치워버렸지요징·징·징·징소리도너무세차게삐걱이면징글징글이되지요젊은날의어머니가오도카니앉아해바라기중이에요

2

내가걸어들어간곳에오래된저수지가있었어요빨려들어갔어요무의식저넘발뻗은검은농공은뿌리를다드러내고화면가득덮였네요한번들어보실래요거기엔집한채가좌정하여날맞아주고요깊은동공속으로혼을부르는인도피리를들으며따라갑니다한계단한계단어머니의눈을파먹어버렸어요조금씩선명하게종알종알매달린덩치커다란내가협곡속에서꼬리를치고있었어요으르릉으르릉눈꺼풀은자꾸내려왔어요참무겁다가도가물가물초점이끊기다이어지는어머니지금낮잠을자러가셨나요

3

 몇 해를 누워 지내던 어머니는 어느새 귀뚜라미 한 마리를 키웠어요 축축하게 젖어드는 기저귀에서 자욱한 귀뚜라미 울음소리 들렸죠 밤하늘 둥실 뜬 만월을 마구 덧칠했어요 커다란 호수를 차고 앉아버린 어머니는 기저귀 값이 오를 때마다 병원 이사를 자주 다녔어요 우리가 빚어대던 담소를 뚝 끊고 나오던 어느 날 이젠 더 이상 미안해하거나 슬프지 않는 날이 왔어요 나는 슬픔을 순장시키고 그만 웃음이 많아져 갔죠

4

 어머니 눈동자 속에 내가 보여요 눈두덩 통통 부은 내가 걸어 나가고 있어요 수시로 들락거리는 귀뚜라미 매섭게 울어대는 날 세상에서 가장 못할 짓이 있다네요 똥오줌을 맨정신에 싸는 거라던 어머니, 길고 긴 밤마다 일곱 번째 기저귀를 갈겠다며 보채는 어머니, 젊은 날 당신과 걸어왔던 내가 보이네요 내 눈 속에서도 보이나요 오물오물 지난날을 되새김질하며 하염없이 앉았던 기다림에 지친 당신이 보이기나 하는 걸까요

내 고요는 어디서 오려나

황혼 무렵 매물도 장군봉 오르는 길
누렁이 말뚝에 묶여 있다
무얼 쳐다봐
누렁이 눈에서 쏟아지는 물음표
가던 길 제쳐두고 나 그 앞에 앉았다
어라 커다란 눈망울 사이로 내가 들어 있다
간간 구름도 보이고 바다도 보였다
무심한 듯 심심한
고요한 응시

누렁이를 흔드는 바람
앵앵거리는 파리 떼, 콧잔등에 장난을 치고
따가운 햇살은 지금을 위해 활활거렸다
민박 객 몇몇 벌컥벌컥 물을 마시고
멀리서 들리는 흑염소의 요란한 울음소리

보이고 들리는 것 많은,
내 고요는 어디서 오려나

손 흔들고 장군봉 다시 올라간다

가던 길 멈추고 돌아본 순간
한 박자 느리게 눈을 감았다 뜨는 누렁이
꼼짝도 않고 꿈뻑 꿈 벅 꿈 뻑
느리며 유순한 눈빛

팔손이나무

추석날 친정에 갔습니다.
―여름 같은 날씨네 그려
얼음 동동 띄워 단술 한 사발 들고 와
우리 내외를 반겨 맞아주시던 어머니
파르르 떨던 손 언뜻 보다
무심히 지나쳤습니다.

며칠 전 어버이날
김해 삼계탕에서 외식을 하였는데
국물 뜬 숟가락과 입과의 거리가
길고도 아주 조심스러웠습니다.

식당 마룻바닥에 훌훌 날리던 국물
―야, 이놈의 국물이 파도를 탄다야
누가 볼세라 가방에서 꺼낸
둘둘 말린 손수건, 그러나
국물을 다 감출 순 없었습니다.
우렁찼던 손이 떨고 있었습니다.

엉겅퀴 세월도
툭툭 끊어가며 당당하였던 손
씨아들 먼저 보내고 돌아와
네 자매 저녁을 손수 지을 때에도
눈물 훔치지 않았던 손
오늘 국물에 젖었습니다.
통통하고 넓적한 당신의 손이
낯설어 고개를 돌렸습니다.

창밖 팔손이나무가 자꾸 흔들립니다.

사랑니

퍼붓는다 통증은
흥건하여라 빼고 난 자리에 기억이 피워낸 비린 맛
차츰 멎어지겠지
꿀꺽 치미는 뜨거움 삼키며 너 있던 자리
설핏 혀끝으로 밀어보았네
번져오는 부재가 주는 불안이여

치열했던 아름다운 이름 하나, 사랑니
쑥 뽑아내는 지금 덜하거나 더함은 없다 다만,
빌레가 먹어버린 통증보다 애증이
뿌리내린 사랑을 지워야 한다는 게 낯설고 아쉬울 뿐
무통주사로 마비된 것은 입만이 아니다
내 안에서 사라진 사랑
그 어룽거리던 기억마저 퇴화된 침묵이다
결별에는 말을 아껴야 한다
치료용 의자가 젖혀지고 의미 없는 의식과
인연을 갈라놓는 차디찬 기구 몇 개만이 바쁘다

입 안으로 쏟아지던 불빛 뭉클하다 사랑일까
빼버린 자리에 이 따스함은 또 뭔가 아쉬움일까
부드러운 잇몸이 움켜쥐고 있던 만남
단단하게 서 있던 만남
흔적 없이 휑한 이별 자리를 더듬어본다
사랑이 두고 간 고통 그 자리

천리향

햇살에 익어 자글자글 묻어오던 체취
참, 찬란했지요
아니 눈부셨지요

올망졸망 달려오던 꽃들의 만찬이
후각 아닌 시각으로 느껴진다는 게
얼마나 신기하던지
그러한 내 잠시 본 꽃들이
다 어디로 간 걸까요
계절이 자리를 옮겼나 봐요

창가에 쪼그려 앉아 눈빛 피워보아도
온기 없어요 향기마저 없네요
꽃 지고 섧다며 야윈 가지
안녕히, 라며 흔들고 있네요
그러나 얼마나 좋은 일인가요

잠시 잠깐 왔던 길

코끝 시큰거리다가 섦게 간다 해도
봄 여문 하늘 아래
지치도록 살다 가는 건
그 얼마나 좋은 일인가요

적멸 뒤에 사라지는 소멸이라면
언젠가 두고 갈 어둠이라면
그대 남기고 간 향기
천리면 어때요

아, 동백

그림 전시회에 갔다
그림은 온통 붉은 동백이었다
꽃잎은 심장을 닮았다
스물아홉 해를 살다 간 남동생이 떠올랐다

전시장을 내려오는데
현수막에 걸린 제목을 잘못 읽었다
아, 동백을
아, 동생이라고

울컥 들이치는
뺨이 통통하고 발그레한 조카들
동백 꽃잎에 포개졌다

아찔한 오진

아득한 것은 조금씩 튼실한 기억의 뿌리를 흔들어 여물어지는 것, 그렇게 할미꽃 군락지에 나는 잠시 멈추었다. 황반변성입니다. 조금씩 주변은 으슴푸레하다가 어두워지다가 더 껌껌해져 갔다. 내가 아는 그 희망은 무엇이었나. 세상은 턱턱 잘도 치었다 다시 궤도를 향하여 달렸다. 세상은 가만 있는데 내가 횡재수 좋아하다 이 꼴이 된 걸까. 쪼잔한 내가 쓴 시가 쪼잔하다고 단돈 몇 푼에 세워둔 시의 시동은 꺼져 갔다. 시를 세워둘 주차장을 잃어버리고 나는 나의 한계를 벗어날 수 있었다. 어느 삶도 정을 용납하지 않는다는 아찔한 오진이 정말 오진이길 바랄 때 뇌혈류가 길을 잃었다. 상상은 무한질주였다. 주차장을 벗어난 시가 거리를 질주했다.

대금산* 진달래

불,

불질러놓고
보이지 않던 당신이
여기 와 있었구료

구릉을 타고 넘어가는
땅속의 불길,

무너지도 피었던
그리움이
여기 와 있었구료

---

*대금산: 거제시에 위치한 산. 봄에 진달래 축제가 열림.

뜬금없는 생각이 흘러

텔레비전을 꺼버리자 사정없이 어둠 속 별이 보였다

파도 소리가 보충설명도 없이 쏟아졌다

일체의 언어가 거품 속으로 사라졌다

어둠이 이쯤에서 심장을 파먹었다

멀리서 깜박이는 등대는 수호신처럼 눈이 아팠다

믿음이 빠져버린 오지에서 나는 탈이 난 거다

마음이 멈추어진 나라로 어물어물 귀의하는 밤

등 굽은 소나무 한 그루 창가에 흔들린다

바람이 분다

언젠가 그 먼 훗날

어둠이 쓸려가는 통영 여객선 터미널
보내고 젖는 건 파도보다 목이 길어진 그리움뿐이다

뱃고동 소리 물새 소리 떠오르면
그대가 들려주는 간밤의 일기는 이명이 된다
섬으로 가는 사람과 사람 사이
갈매기 한 쌍 차고 오른다 쓸쓸함이 비켜간다

폭풍아 잦아든 바다를 보며 삶의 한때를 싸매는
그리움이 고맙다

기다린다는 것
조여드는 심장 깊숙이 그리움의 시계추 하나 매달고
먼 길 오가야 한다는 걸 왜 여태 몰랐을까

해안선 물결 따라 무성한 그리움이 흐드러져 너울거린다
 날[刃]을 세워 쳐대던 파도는 쿡쿡 가슴께 입 다문 비명을
주지만

언젠가 그 먼 훗날
그대와 나의 은빛머리 화안하게 깊어지면
보내고 남겨진 그리움을 쉬이 빗어 넘길 수 있으려나

이별은 언제나 바다를 닮았네

눈 내리는 일

 영정만이 능청스레 웃는다 향 피어오르는 사이로 간간 움직이는 눈이며 입 언저리 무슨 말이 저리 많은지 재가 타는 동안 모인 가족들 말없다 하루의 만남도 위로가 되는가 영정을 장롱 깊은 곳에 도로 넣으며, 함께했던 날들을 부표처럼 착착 띄워본다 영정을 물리고 가족들 각자 집 나서는데 어둠 속에 깨알 푸대가 터졌나 하늘은 희끗희끗 눈을 털어낸다 모두들 돌아갈 어둠과 적막 사이에 서 있는데 아비 없이도 조물조물 잘 자란 어린 아이들 오늘은 하늘 보며 튀밥 같은 웃음 웃는다 앞니 유난히 희고 빛난다 고슬고슬 나리는 한 끼의 눈밥에 배가 부른 걸까 행복해하는 어린 것들 보며 돌아갈 길 잊는다

 모두는 그렇게 귀히 오신 눈을 아프게 혹은 기쁘게 맞으며 한 폭 풍경화를 찍고 서 있다 퉁퉁 불어버린 눈두덩이 위에 눈이 얹힌다 눈을 쓸어 꽁꽁 말아 어린 아이들에게 주고 생각한다 눈 속에 길을 내어 성큼성큼 내려야 했을 이 한때의 쓸쓸한 만남, 알알이 사무친 만남에 대하여 저리 소리 없이도 크고 그윽하다 멍멍하게 내리는 알갱이 차가운데 왜 한쪽

가슴이 확확 뜨거워지는 걸까 서로 빨개진 눈동자 외면하고 내리는 눈을 본다 무리 지어 도리돌돌 흥겹게 눈은 내려 내리고 어린 아이들의 몰랑몰랑한 웃음이 시원하다 적설(積雪)이 되었던 그리움일랑 오늘은 허물어야 하리라 한 줌의 가루가 훨훨 떠다니던 외로운 독무(獨舞)는 없고 떼 지어 시방 눈꽃 핀 여기는 푸근하다

  불빛이 쭉 뻗은 현관문 밖으로 여태 향내는 느릿느릿 기울어 가고 덩실덩실 눈은 축복처럼 서성인다 등이 휘어진 두 노인네 어린아이 단단히 처매 업고 오래오래 바라본다 바람 찬 문 밖에 핀 눈꽃이 그칠 때까지

오래전 처방전

아얏,
따끔한 뇌성이 한바탕 스쳤다

쏟아지는 번개가 잠시 지나갔다

짧아서 다행인 따끔과 아얏 사이
끄르륵끄르륵
트림이 흘러 나왔다
손가락에 붉은 수문이 열렸다

―아직도 불편하냐? 한 번 더 따주랴!

고요하게 물어주는 그 겨울밤 아랫목

금목서

며칠 전
훅
나를 뚫고 지나가는 금목서
이 나무 어디쯤 숨어 발포되는가
도발적 가을로 오는가
어지러운 향기 따라 천리 밖 궁금하였다

오늘 아침에 폰을 열자
새벽 소리 밴드에
짧은 비명 한마디 피었다
야들아 우리 집 금목서가 노릇노릇 막 쪄졌다
냄새 쥑인다 다들 함 뭉치자

격렬한 향기가 화면 가득 주춤 머물다
천천히 내 안에 눌러졌다

멀리 나갔던 마음이 되돌아왔다

어머니가 뜯어주는 산조 한마당

 소원이여 야야 오늘 하룻밤만 더 자고 들어갈란다 햇살이 참말로 곱다야 거긴 온통 침침무리한 불빛이 낮이고 밤이고 징글징글 날 쳐다보잖여 저 이쁜 햇살이 켜져 있는 걸 난 잊어 부렸는갑다 이건 또 뭔 바람이고 참말로 시원타야 우짠다고 요로코롬 살랑거려 쌌는다냐 오랜만에 오장육부가 거풍되니 행복하다야 난 바람도 어디로 가뿌렸나 했제 아이고 참, 아까 장롱에 꽃 까라진 치매 좀 꺼내봐라 희끄무레 환자복 벗고 오늘은 긴 치매 입고 영감 옆에서 한숨 자고 갈란다

 어세는 산벵사 신상들이 씻기줬는디 어찌나 부끄럽고 미안턴지 대중탕처럼 쭈글쭈글한 껍데기 탕에 담궈지길 허냐 뜨겁기를 허냐 그냥 물 끼얹는 목욕이지 개운키는 헌데 이제 나는 사람이 아닌가 시퍼야 너거들 바쁜께 이런 나 돌봐줄 곳이 있다는 게 참말로 호사건만 목욕탕 가서 한번 푹 담가 보고 참 좋겠는데 우짜겠노 고맙기야 허지 참말로 내 몸뚱어리 이젠 내 것도 아닌겨 모두들 덕분에 살아간다는 걸 알면서 내가 자꾸 서럽구먼 이카면 안 되는디 우짜면 좋노

아침 먹는 시간이 거기선 너무 빨라야 잠도 들 깬 때 묵기 싫어도 무야 하는 게 고녁이지만 어디 투정내몬 되간디 삼시 세끼 밥이 시간 한 번도 안 어기고 나오잖여 덕분에 똥 싸고 밥 묵고 또 똥 싸고 살도 오르고 억수로 고마븐 일이제 산목숨인기라 때맞춰 입으로 들어오는 밥풀떼기는 잘도 넘어간 단께 참 웃기제 내 맴은 곡기 뚝 끊어뿌리몬 참 편할낀데 그라몬 저 햇살과 바람도 얼릉 따라 죽어뿔 낀데 워메 내 정신 좀 봐 이거 말도 아니제 너거도 살아야지 나만 오매불망 가축하기가 어디 말이 되간 참말로 말도 아니제 그래도 야야 오늘만 지발 오늘 하루만 더 여기서 니캉 니 아부지랑 자고 낼 다시 들어가고 잡다 지발 소원이구먼

핀다!

봄밤

물면이 길을 나선다

벙그는 달빛 스며든 창가
가만히 내걸린 벚나무 흔들린다

꽁꽁 얼었던 긴 말
잠시 밀쳐두고
유리창에 호호
손가락 편지를 쓴다

아, 또다시 봄

할미꽃

서호동 새벽 어시장 김 할머니가 가진 거라곤
번듯한 간판도 없는 한길
노천 바닥 붉은 고무대야에 울긋불긋
하루치 생계가 오무라졌다 펴졌다

새벽 장을 보러 나온 야무지게 껌 씹는 여자
꽃게를 잡아 뒤집다가 대야를 흔들어본다
천 원을 깎는다
껌값 아낀 여자가 간다

구겨진 천 원 몇 장이 물기에 젖고
―마수다, 퉤퉤!
띄우는 소망 한 장이 훌쳐맨 앞치마로 들어간다

저녁별 뜨면 두둑한 하루가 그 안에 있을까

아침 햇살 받은 이마 주름 사이로
빗살무늬 느릿느릿 피어난다

아버지의 스토리텔링

1

 아내 없이 혼자 차려먹는 식탁은 언제나 울컥, 올라오는 것이 있다 방과 방마다 켜켜이 들어찬 터질 듯한 허무를 함부로 뻗어 올려 말할 가지 하나 없다 모레가 추석이다 병원에 장기 투숙 중인 아내를 데려와 아침을 맞이할까 한다 멈칫멈칫 머물러지는 아내에 대한 간병이 가끔은 힘들어 온몸이 신열에 굽어진다 얼마나 굽어지면 휘청대다 툭, 짧아질 수 있을까 병원에 누워서도 아내는 지나온 세월을 그대로 그려낸다

2

 냉장고에 모셔져 있던 나물거리를 꺼냈다 말리던 고기에서 예쁜 비린내 번진다 가만있어 봐라 이걸 어찌하더라 찔 때 어찌하더라 커다란 찜통에 물만 부으면 되던가 얼마나 삶으면 되던가 아내가 고기 찔 때를 더듬는데 쿡, 바람이 불어온다 왜 바람 속에서 예쁜 냄새가 아닌 고린내가 나나 이상타 아내가 말리던 생선 냄새와 다르다 그러고 보니 큰딸이 살짝 말리다 냉동실 넣으라 한 걸 까먹었다 에고 어젯밤 비

닐에 싸서 냉장고에 넣으라 했는데 앗 나의 실수다 발을 동동 구르며 베란다 빨랫줄에 널어둔 고기를 걷었다 찜통에 물을 붓고 고기를 눕혔다 제법 꼬들꼬들 잘 말린 듯했다 지금 나는 쓸쓸해하거나 휘청거릴 여유도 없다 시댁 가서 돌아올 딸들 내외와 요양병원에서 외출 허락을 받아 집에 올 아내를 위해 더욱 여물어져야 한다

3

아버지 이 고린내가 어디서 나는 건가요 으악 고기 냄새가 코를 막고 셋째는 가스불을 끈다 잘못 말려 썩었나 봐요 아파트 입구에서부터 고린내가 진동하더니만 그게 우리 집이었네요 썩은 고기를 말린 건지 말리기를 잘못해 썩혀버린 건지 모르겠다만 아무렴 어때 한 생각 찌른다 추석날 아침이 오는데 뭐 어때서 피붙이와 함께한다는 것, 이번 추석에도 탱탱한 달을 볼 수 있으려나 아내의 고기 찌던 풍경이 달무리 속에 환하다 이 정도면 꽤 괜찮은 추석 전야지 뭐 허허 고린내와 딸의 잔소리가 풍성한 추석 전야, 모처럼 웃음소리 환하다

안부를 물어주다

날마다 전화를 걸어주며
잘 있니,
밥은,
변함없다

너를 시시때때로 생각지 않아도

해 뜨고 지는 일, 별일 아니듯

오늘도 근황을 물어주는
간결한 그 힘

따뜻한 무관심

담벼락에 천천히 스며든 비
비에 적셔진 접시꽃 닮은 당신
새벽부터 밝혀진 상점들 가물거리는 불빛
눈부신 하품을 하는 택시 기사의 활짝 펴진 기지개
쓰레기 드문드문 펼쳐진 가로수
차선을 물고 가는 화물차의 대형 바퀴

사물과 사물 사이 문어발처럼 목이 메여 오는

이층 식당에서 내려다본 들판의 자운영
싱글싱글 웃는, 조금씩 키가 자랐다

혼밥 먹으러 왔다

옷장을 정리하다가

옷장 문을 여는데 나프탈렌 쏴아 숨쉬고
차곡차곡 접어둔 꿈이라도 입혀지길 기다렸나

헐렁한 껍데기 힘이 없고
옷걸이였던 나는 보이지 않네
생경한 나프탈렌만 자욱하네

한때는
나를 위해
사상 나넙기글 바다며
환하게 부풀었던 희망 한 벌 한 벌들
껍데기 걸쳤던 거울 안 생시는
유연하고 촉촉하다
아니, 쓸쓸하다

입어본 지 오래된 옷걸이 툭툭 쳐보네
지나쳐 보네
풀풀 뿌연 기억이 날리네

옷걸이 높이 걸어두었던 꿈도
몇 겹 인연 스치면 구겨지고 낡아진다는 걸
왜 몰랐을까

버리지 못하고 다시 개어본다
먼지 꽃 피다 털리는 동안 나프탈렌 엷어지고
박제를 꿈꾸는 내 안의 짓눌리고 엉켜진
무수한 허접 쓰레기 아직 버릴 수 없다

이명

내 귓속 어딘가에 푸른 바다가 숨어들었습니다 아버지
시를 배운다고 엎어져 코가 깨졌습니다 작법에 손을 댄 순간 물고기 한 마리 살지 않는 푸른 바다만 출렁입니다 강가 기슭을 오르듯 힘에 부쳤던 강의 시간은 초대형 시론만이 인산인해를 이루어 대형스크린은 나에게 겁을 줍니다 씨도 없는 언어유희와 탁상토론이 재생될 때마다 환생 이전의 천식 같은 호흡 곤란이 찾아왔습니다 엄지발가락의 통풍까지 겹쳐옵니다 통증이 온다는 것 내 감각의 훈련이 시작되고 푸른 바다로 떠내려갈 수천의 종이학이 꿈을 꾸는 시간입니다 말도 안 되는 싱싱에 자주 떡을 고여 창밖 구름과 까치 꽁지에 놀라 낄낄거립니다 갖가지 색을 입힌 꼬리의 힘이 퍼지고 펼쳐지면 어디선가 상어 떼 한 무리 불쑥 찾아옵니다 그래요 불쑥, 이란 말에 환기를 시키라 하셨지요 창문을 열어주시던 아버지의 손이 토닥토닥 아직도 빛이 됩니다 지금도 그 손을 뻗어 호명되던 이름은 언제나 아득한 곳에서 보이지 않기에 위안이 됩니다 세상이란 산을 기어오르고 바다를 첨벙첨벙 펌프질하는 능수능란함은 없지만 품어야 될 것 많은 시어는 찬란하나 쓸쓸합니다 턱에 굳은살이 차돌처럼 박혀갑니다 몇 년을 찾아 다녀도 신물 나는 시론과 인생론에는 피가 없습니다 살이 오르지 않습니다 명징한 답을 전수해주지 않았던 당신들은 입 다물어 주십시오 담즙만이 푸르게 흘러 다녔고 살아있는 물고기 한 마리 없었다는 점 그건 내 몫임도 압니다 내 속이 텅텅 비어지자 바다가 숨어들었다고 아버지께만 들려드립니다 듣고 계신가요?

  무엇을 형상화한다고?
  보이지 않는 새소리를 이미지화한다고!

  꿈을 깨면 빈손이었다는 걸 인정하지만 오랜 고질병은 빈손일 때 귀가 만지작거려진다는 것, 아하! 내 귓속 어딘가에서 오래된 잉어 한 마리 살고 있다는 것,

연분홍 립스틱

점심을 다 드신 일흔여섯의 어머니
손거울을 꺼내든다
경련 이는 손가락 사이로 연분홍 립스틱에 힘 모였다
어느새 입술 위 일침을 찌르는
저 맹목의 힘

위태위태 선 긋고 여백을 채워가는 놀이에
집중하는 어머니
쭈글쭈글한 입술 위로 한 생이 지나고 있다

숯

겨울밤, 모닥불 다 타올라야 했다
일렬로 불이 꺼져가는 새벽
떠나려는 몸부림 가볍고 느리다
깜빡깜빡 자욱한 열기 아, 따뜻하다
아직 집으로 돌아가지 못하는
저 혼신의 무성한 몸짓 탁탁 분질러
나도 몇 년 더 살아야겠다
명치끝 유발하는 통증이 쪼개져 파열음 서슴없다
불 저질러 한 세상 빛나던 기억이 가물가물
붉음이 검어져 다음 생으로 밀려가는 때
내 몸 어디선가 안개꽃 자욱하다 맵다

허공에 집중

오로지 정적 가운데 턱 고이고 앉았다
허공에 집중할 때만이 온전히 내가 보인다는 사실,
달은 꿈적도 안하고 정적을 품고 지상으로 발화되었다
연못에 담겨진 수천의 달빛을 간절히 세다가
바람 따라 흩어짐
차분하지 못한 찢어진 달빛 봄
이리저리 달아나버리던 날 닮았음
멍한 내가 꿈쩍도 안 하고 받아 적었다

온몸에 딸기 혀 들기가 축축하게 돋아 붉어졌다
환장하게 경박해지고 말이 많아져 갔다
침묵 가운데 서본 적 오래다
어느 날 목소리에서 자꾸 동전 소리가 났다
함부로 써버린 말이 우수수 떨어졌고
나는 헐벗었다
활짝 열어둔 대문만 있고 고요히 문 닫을 시간 놓쳤다

오래전 고여 있던 정적 한 방울 똑똑하게 추락하였다

심심한 푸른 이끼에 부딪쳤다
멍한 내가 멍들어도 싸다

포장마차가 있는 풍경

함박눈 내리는 밤,

아파트 들어가는 입구 포장마차 아저씨가 나를 불렀지요 오늘은 손님이 너무 없다며 배꼽인사를 하였어요 아저씨 머리에도 눈발이 성성합니다 금방 사라질 진눈깨비가 얹혀진 걸까 잠시 고민하는 사이 맛이 아주 좋아요 마수를 아직 못 했어요 사 가세요 어묵 국물이 팔팔 끓는다 오천 원어치 주세요 나도 팔팔 끓는 한마디로 마수의 테이프를 끊었다 일회용 도시락을 싸는 아저씨 손놀림이 눈 내리는 속도보다 빠르다 지갑에서 돈을 지불하자 함박눈이 그쳤다 달팽이관이 사정없이 흔들렸나

제 어묵을 사주셔서 진심으로 감사합니다

천년학

우리 함께 날아가요
돌아갈 곳이 생겼다

내 귀는 팔랑 귀

아직도 그 문장에 나무를 그리고
가지를 세우고
나이테를 조각한다

천년을 건너온 나뭇잎 엽서 한 장
당신이라고 희망이나 소망 없겠나요

우리에게 주어진 첨삭의 시간
천일이 지나갔다
날아갈 곳이 생겼다

지천명

당분간
나는 비눗방울놀이나 해야겠다

해설

구상성(具象性)의 시학

김정남 문학평론가·관동대 교수

　미학에 있어 추상성(abstractness)과 구상성(concreteness)은 서로 길항하는 예술사적 진자운동의 두 축을 차지한다. 당연한 말이지만 구상성을 배제하면 예술은 추상적인 경향을 띠고, 구상성을 추구하면 예술은 구체적인 형체와 내용을 지향한다. 이 상반된 두 가지 양상은 시대에 따라, 예술가의 성향에 따라 어느 한쪽으로 경사(傾斜)를 나타낸다. 이러한 맥락에서 이지령 시인의 미적 경향은 일상의 세목들에서 구체적 감각을 건져 올리고 이를 바탕으로 시상의 얼개를 짜나가는 구상성의 미학을 뚜렷하게 나타낸다고 할 수 있다.

　시집의 표제작인 「구체적인 당신」뿐만 아니라 「구체적인 나비」, 「구체적인 낙타」, 「구체적인 몰입」, 「구체적인 퇴근길」, 「너무나 구제적인」에서 보듯, 시제(詩題) 자체에서 구상성의 의도를 액면적으로 드러낸다. 이처럼 그녀의 시는 구체적인 경험과 상황성에 기초해 시상을 전개하고 있는데, 그러한 측면에서 "새벽이 수런거릴 때 태양이 밝아오는 걸 보"고 이를 "함부로 환희라 명명"(「관념어 내보내기」)하는 행위는 부정의 대상이 된다. 여기서 환희란 관념일 뿐이고 "그 단어는 다소 천박하고 이제는 사람의 가슴에 호소해 오는 능력도 거의 상실해버린 사어(死語) 같은 것"(김승옥, 「무진기행」)에 불과하기 때문이다. 가령 그리움이라는 것은 이지령 시인에게 관념으로 존재하지 않고 "구체적인 것을 그리게" 하여 "구체적인 당신"의 몸을 형상화하는 데 기여한다.

그립다는 말은 내게 구체적인 것을 그리게 했다

사월과 오월 사이 남풍이 불었고 창가를 서성이게 했다 가슴께 통증이 간간이 내리는 오후, 윤슬이 내리고 있는 통영항 바라볼 때면 왜 붉어지는 당신이 있는 걸까

날 흘렸던 당신 말투는 짠 내음에도 시들지 않았었지 당신이 즐겨 입던 코발트색 잠바는 당신보다 컸었지 당신의 양말은 간혹 엄지발가락이 낡아서 너덜거렸고 그걸 한 번씩 기워야겠다고 생각할 때마다 내가 아팠지 언젠가 바느질을 다 끝내지 못하고 깰 적이면 혹여 내 입을 꿰맨 걸까 말은 새어나오지를 않았지 구체적인 것에는 통

중도 따랐지 당신의 얼굴이 봄볕이나 가을볕갈이에 새까매져 있을 때, 선명하게 그어진 이마 위 칼자국이 우르르 두드러질 때, 내가 당신을 똑바로 볼 수 없는 몰캉한 눈물 같은 거였지 내가 나를 전혀 볼 수 없는 분신 같은 그리움 아닐까 아 구체적인 말이 너무 시시해서 말을 잃을 때도 있었지

 몸살이 났다 당신이 해마다 꽃피었다 질 때나 바람이 불어 닥치는 환절기에는 어김없이 도졌다 기침도 하고 콧물도 흘렸다 코 닦아주지 못하고 약 지어본 적 없이 세월은 건너고 있었다 바다를 놓아버릴 수 없었던 당신, 은 섬으로 들어갔고 지상의 나무를 퍼 날랐다 송이 화원에서 내가 꽃과 꽃 층계를 오르내리다 환한 꽃들 사이에 앉아 있을 때 당신, 은 애송이 나무 몇 그루에만 셈을 쳐주고 가버렸다 뾰로통한 날 보며 당신은 말했다 이봐 푸른 천막이 좋잖아 뭐라고? 푸른 천막…… 나무를 푸른 천막이라 이르던 당신, 아 우리 사이를 영원히 덮어줄 천막이라니 후훗 바보 같은 당신, 영원을 꿈꾸다니 역광에 드러난 내 눈은 따갑다 볕살 따가워 목이 탄다 내가 먼 데 눈 주고 있을 때 당신, 은 내 시시콜콜함을 따질 틈 주지 않았다 콧노래 흘리며 가버렸다 눈가의 자글거리는 주름과 희끗한 머리카락, 그렇게 제멋대로인 당신, 은 언제나 구체적이다 결코 흐려지질 않았다 내 뜨락의 한 켠에서 펄

럭이는 푸른 천막을 쓰레질하는 당신, 의 극진한 삶의 줄거리는 물러가지 않았다

당신과 잠이 들었다 멀리서 진입하는 낮고 낮은 오래된 무덤이 보였다. 내 속의 무덤에 한 사람을 파묻다 얼른 스탠드를 켰다 불빛 아래 봉분을 다지듯 당신의 까끌까끌한 구레나룻을 지나쳐 아직 탄력이 있는 허연 살점까지 지나쳐 일명 물건이라 칭하는 그곳까지 쓸어주었을 때, 내 손이 차가운지 이불을 더듬어 찾는 당신은 다시 구체적이다 마디 굵은 당신 손을 내 한 손으로 잡을 수 없어 두 손으로 잡았다 세상에서 만난 어떤 은유나 비유를 나는 찾을 수 없었다 거·칠·고·딱·딱·한 손을 가진 구체적인 당신을 읽으며 지나고 있었다

—「구체적인 당신」 전문

일견, 연서(戀書)의 형식을 지닌 자기고백적인 진술에 담긴 구체적인 당신의 모습은, 화자가 얼마나 지극하게 당신을 사모하고 있는지 잘 보여주고 있다. 여기서 당신의 일거수일투족은 모두 화자의 마음속에 정서적 파문을 일으키고, 이 심문(心紋)을 토대로 그려낸 주관적 묘사가 바로 이 시의 내용이라 할 수 있다. 화자의 마음속에 당신이 "통증"이었다면, 봄볕이나 가을볕 아래 새까매진 당신의 이마 위에 칼자국이 두드러질 때 "당신을 똑바로 볼 수 없는 몰캉한 눈물"이 그 통증

의 실체인 것이다. 이처럼 그녀의 시는 화자의 정서를 구체적인 상황을 통해 구체화한다.

당신은 "바다를 놓아버릴 수 없"는 바닷사람이고, 섬에 들어가 "지상의 나무를 퍼"나르는 일을 한다. 화자는 이러한 그의 일과들을 지켜보면서도 그의 말 한 마디는 물론이거니와 "눈가의 자글거리는 주름과 희끗한 머리카락"까지도 오롯하게 마음에 새긴다. 더 나아가 화자는 당신과의 잠자리까지도 드러내길 주저하지 않는다. 여기서도 화자는 "세상에서 만난 어떤 은유나 비유"로도 당신을 말할 수 없어 당신의 "거·칠·고·딱·딱·한 손"을 몸으로 읽는다. 이처럼 이지령 시의 미학은 관념의 언어로 만들어낸 것이 아니라 구체적인 감각으로 그려낸 몸의 시학이라고 할 수 있다.

저격을 꿈꾼다 이것을 나는 혁명이라 말한다 갱년기를 마중 가는 길 내 몸의 마디마디가 빽빽 기적을 울렸다 네 모진 창에 들어찬 하늘을 싫다 좋다 말한 적 없지만 사각턱의 나는 이젠 둥그런 하늘과 몰랑한 눈빛을 만나러 가야겠다고 생각할 즈음 신물 나는 검은 머리여 안녕히 가세요라며 썼다 빨리 늙어버리고 싶다

총에다 총알을 장전할 줄 몰라 어리둥절해 하면서 나는 이제 알아들을 수 있는 말로만 질문하기로 했다 알아들을 수 있는 귀명창이 되고 싶었다 날아든 문장과 문체

사이에서 심한 멀미를 앓고 있을 때 어느새 골다공증이 찾아왔다 구멍이 숭숭 난 뼈에 다시 구멍을 차곡차곡 채울 수 있다면 하는 희망 대신 잠시 타임머신을 타고 어릴 적 봄날을 찾아간다 추억이 있기에 갱년기를 마중 가는 길은 지루하지 않다 봄날에는 봄에 대해서만 집중해야 한다

 이상하지 언뜻 보이는 사춘기의 나는 언제나 꺾고 싶은 게 많았지만 비워진 세월이었다 삶의 나날은 열등과 빈곤과 분노였다 꼭꼭 닫힌 문이 하도 많아 입춘대길을 본 적 없었다 그러다 매미 소리 질기게 울다가 뚝 끊어지던 늦여름 미련하게 밥만 퍼 넣을 수 없어 꽃잎에 입 대었다 꽃잎, 그걸 나는 총애하는 예술에게라는 연서로 부비고 부볐다 부빈다고 내가 물들 수 없다는 걸 진즉에 감지하였는지도 모를 일이다 그러다 결국 나는 탐색에 능해지고 밀어붙였으나 물들어지지는 않았다 관념의 꽃잎 속에서 쓴 약을 탁탁 털어 넣었던 기억에 목 졸라 죽을 뻔도 했다 감각의 촉수에 홀렸던 헛바닥은 조금씩 굳어갔고 실어증에 걸렸던 나는 수시로 일그러졌다 팔랑팔랑 손짓하는 죽음의 유혹에 자주 망설였다

 습관은 무서운 것이다 잘못된 연서의 출발은 밥이 배고파하지 않는다는 상상에서 시작되었고 결국 뫼르소의

돈이 안 되는 것이 행복한 예술에 한 표를 던졌다 그렇게
나는 야위어졌고 뜬금없이 타들어갔다 그래서 내 자화상
은 온통 흙빛이다 지금 나는 까맣다 검고 썩은 탁음이 마
구 쏟아졌고 돌아온 메아리는 무음이었다 내 귀는 자꾸
커졌고 달팽이는 뱅글뱅글 신음하였다

  다리가 욱신거리고 눈에는 안개 꽃다발이 무더기로 피
었다 팽팽한 허공 사이로 얄미운 밀어가 막무가내로 쏟
아졌다 너를 사랑해 사랑하기로 했다고 초췌한 은행잎이
떨어지는 병실 창가, 난 턱을 고이고 눈을 크게 떴다 을씨
년스런 내가 보인다 아 가을이다 살아야겠다 물렁 몰랑
말랑한 눈빛을 찾아 나는 저격을 꿈꾼다 흰머리 쓸어 넘
기고 있을 때 낯선 그러나 낯익은 그림자 하나 들어온다
내 어여쁜 갱년기여 반갑다
    —「몰랑한 눈빛을 위한 수다」 전문

이 시에서 "몸의 마디마디가 빽빽 기적"이 울리는 시기가
왔음을 알아차린 화자는 "신물 나는 검은 머리여 안녕히 가
세요"라며 갱년기를 적극적으로 마중한다. 어느새 골다공증
이 찾아오고 화자는 숭숭 난 뼈에 구멍을 다시 채울 수 없음
을 인식하고 잠시 자신의 인생의 봄을 떠올린다. 물론 문맥
은 다르지만 "나에게 놋주발보다 더 쨍쨍한 추억이 있는 한
인간은 영원하고 사랑도 그렇"(김수영, 「거대한 뿌리」)기 때문

이다. 화자의 젊은 시절은 "열등과 빈곤과 분노"였고 "꼭 닫힌 문이 하도 많아 입춘대길을 본 적 없"는 나날들이었다. 그 날들 속에서 꽃으로 상징되는 예술(시)의 표상을 향해 스스로를 끊임없이 "부비고 부볐다". 하지만 그 과정에서 탐색에는 능해졌을지는 모르겠으나 결국 물들어지지는 않았다고 고백한다.

혀가 굳고 급기야 실어증에 가까운 나날들을 견디며 화자는 "팔랑팔랑 손짓하는 죽음의 유혹" 속에서 "야위어졌고 뜬금없이 타들어갔다". 그런 의미에서 화자의 자화상은 "온통 흙빛"이지만 결국 돌아온 메아리는 무음이고 말았다. 이렇게 고뇌에 찬 시간들 속에서 자아의 연단을 거듭했던 화자는 갱년기를 맞았고, 어느 날 병실 창가에서 을씨년스러운 자신의 모습을 발견한다. 이제 그 번민의 나날들이 지나 인생의 가을에 서서 화자는 "아 가을이다 살아야겠다"고 말한다. 그리하여 인생의 가을은 화자에게 "내 어여쁜 갱년기"로 다가오고 이를 반갑게 맞게 하는 근거가 된다.

갱년기의 어느 날, 자신의 전 인생을 회억하며 오뇌에 찬 생의 자화상을 서술하는 화자에게서 젊은 날 시마(詩魔)에 시달리며 끊임없는 고뇌의 시간을 보냈던 우리의 또 다른 시간이 겹쳐진다. 어쩌면 시인에게 갱년기란 고통의 시간을 통해 마침내 도달한 하나의 법열(法悅)의 순간은 아닐까. 여기서 중요한 것은 인식론적인 과정일 터인데 시인은 이를 형상화하기 위해 구체적인 생의 과정을 세밀하게 제시하고 있다. 그러한 점에서 시인의 시적 경향이라고 할 수 있는 구상적 관점은 여기서도 유효성이 발휘된다고 할 수 있다.

> 눈부시게 들이닥친 시
> 심심한 시간 심심하다를 땜질하다 시에 낚였다
> 순정하게 그걸 바라보는 일 즐거웠다
> 세상은 아직도 물음과 느낌의 무수한 꽃 피고 진다
> 그 사이를 응시하다 정 주고 보듬다 지금의 지금이 왔다
> 눈매 선량해지는 일만 남았다는 걸 감지한다
> 또랑또랑한 동공처럼 둥글게 나는 굴러가고 싶다
> 태초의 어둠 한 점이었다가 밝음 한 덩이로 오는 시
> 내 안의 중심이 되어준 일거리가 생겼다
> 지그시 눌러앉아 내 안을 바라보다 그만 심장이 탈탈 털렸다
> 호명되지 않은 수많은 언어가 아직 있다는 걸 예감할 뿐
> 다만, 내가 가장 잘한 일은 시와 한바탕 잘 놀았다는 것
> ―「내가 가장 잘한 일」 부분

그리하여 시인의 인생에서 시는 "눈부시게 들이닥친" 것이었다. 이 시의 화자는 "순정하게 그걸 바라보는 일"이 즐거웠다 말하며 수많은 물음과 느낌의 꽃을 피우고 지우면서 지금이 왔다고 고백한다. 그리고 지금은 "눈매 선량해지는 일만

남았다는 걸 감지한다"고 말하며 이제는 둥글게 굴러가고 싶다고 덧붙인다.

화자에게 궁극의 시는 "무명(無名)의 어둠에"(김춘수, 「꽃을 위한 서시」) 빛을 던지는 일이다. 화자에게는 호명되지 않은 수많은 언어가 있다. 이때 명명(命名)한다는 것은 존재가 언어 속에 머무르는 처소이자 존재가 개시되는 지점이다.(마틴 하이데거, 「휴머니즘 서간」, 『이정표 2』) 그리하여 화자는 자신의 생에 중심이 되어준 시를 무기로 "최초의 어둠 한 점"이 "밝음 한 덩이"로 오는 시를 꿈꾼다. 따라서 자신의 인생에서 "가장 잘한 일은 시와 한바탕 잘 놀았다는 것"이다. 시작(詩作) 행위는 존재에 새로운 의미를 부여하는 일이다. 그것은 존재의 위상학을 바꾸어놓고 불가능한 것을 가능케 하는 전위의 몫을 담당하기 때문이다.

길을 잃어버렸던 기억 푸르게 자라와요 어디로 가야 하나 망설이다 절벽을 부여잡았지요 창백이 지나쳐 푸름이 되었던 기억이 볕바른 양지에 손도장을 찍어요 우리가 남긴 손도장이 외로운 길 더듬어 갈 때 함께는 간절한 그대의 배경에서 환하지요 공존하는 푸른 이정표가 긍정의 긍정으로 꿈틀거려요 비빌 언덕이란 얼마나 든든한가요 척척 받아주며 푸르게 타오르라는 눈빛에서 푸름을 읽고 다시 길을 가요 말없이 받아주던 등짝을 최초로 기억할 뿐이지요 온몸으로 기어야 하는 슬픈 유전, 푸른 손

도장이 침묵 가운데 간절히 가네요 뼈를 녹여 기어가는
슬픈 유전을 묵묵히 초원을 꿈꾸라 했던 그대 등이 그리
워요

울이며 담이 된 그대
몸이며 맘이 된 그대

―「담쟁이」 전문

 하여, 시인은 이런 시를 남긴다. 담쟁이에서 발견하는 생의 진경은 손쉽게 누구나 호명할 수 있는 것이 아니다. 담쟁이는 길을 잃어버려 망설이다 절벽을 부여잡는다. 담쟁이의 손도장이 "외로운 길 더듬어 갈 때"면 이것은 "간절한 그대의 배경"에서만 환하게 다가온다. 자연사는 하나의 본능이지만, 그것을 인생론으로 환원할 때만이 간절한 그 무엇으로 옮아오는 것이기 때문이다. 비빌 언덕이란 담쟁이에게나 우리에게 얼마나 든든한가. "척척 받아주며 푸르게 타오르며" 길을 가는 담쟁이는 "말없이 받아주었던" 최초의 등짝을 기억한다. "온몸으로 기어야 하는 슬픈 유전", "뼈를 녹여 기어가는 슬픈 유전"은 "묵묵히 초원을" 꿈꾸라 했던 그대 등이 있기에 가능한 일이다. 그리하여 담쟁이와 절벽이 만나 "울이며 담이" 될 수 있었다. 더 나아가 담쟁이는 절벽으로 몸을 얻었고, 절벽은 다시 담쟁이로 인해 푸른 초원의 꿈을 가질 수 있었다. 이것이 그것이 되고, 그것이 이것이 된 합일의 경지는 시

가 꾸는 꿈과 다르지 않다.

한 사람의 평자로서 이지령 시인의 시가 구상성을 고유한 자신의 미적 특질로 유지하되 보다 단단한 밀도와 긴장을 더해가길 바란다. 구성성과 추상성이 삼투하면, 시인 백석의 '이야기체'가 그러하듯 길고 유장한 생의 세목들을 보다 든든하게 떠받칠 수 있기 때문이다. 생의 자리가 평면적이라면, 시는 이를 바탕으로 간절하게 밀고 올라가는 수직의 세계다. 온몸으로 기어오르는 담쟁이의 숙명처럼 말이다. 따라서 구상적 평면성은 추상적 수직성과 연결되어야 한다. 맘이 담을 얻어 몸이 되고, 담이 몸을 얻어 맘이 되듯!

이 도서의 국립중앙도서관 출판시도서목록(CIP)은 서지정보유통지원시스템 홈페이지(http://seoji.nl.go.kr)와 국가자료공동목록시스템(http://www.nl.go.kr/kolisnet)에서 이용하실 수 있습니다.(CIP제어번호: CIP2017017577)

문학의전당 시인선 0263

구체적인 당신

ⓒ 이지령

초판 1쇄 인쇄 2017년 7월 22일
초판 1쇄 발행 2017년 7월 29일

    지은이 이지령
    펴낸이 고영
  책임편집 서유후
    디자인 헤이존
    펴낸곳 문학의전당
  출판등록 제2017-000002호
      주소 서울시 마포구 마포대로 11길 91, 3층
      전화 02-852-1977 팩스 02-852-1978
  전자우편 sbpoem@naver.com

      ISBN 979-11-5896-329-3 03810

* 이 책의 판권은 지은이와 문학의전당에 있습니다.
* 양측의 서면 동의 없는 무단 전재 및 복제를 금합니다.
* 잘못 만들어진 책은 바꿔드립니다.
* 이 시집은 2017 경남문화예술진흥원 문화예술지원금을 보조받아 제작되었습니다.